EL ARTE DE COLOREAR

UN GIRO INESPERADO

100 ILUSTRACIONES BASADAS EN LAS NOVELAS
DE LA EXITOSA SAGA *UN GIRO INESPERADO*

Edición francesa

© 2024, Hachette Livre (Hachette Pratique).
58, rue Jean Bleuzen – 92178 Vanves Cedex

Este libro se publicó por primera vez en Hachette Livre (Hachette Pratique)
en 2024 con el título original de *Twisted Tale*.

Dirección: Catherine Saunier-Talec
Responsable editorial: Timothée Le Mière
Dirección artística: Mélissande Mestas
Edición: Wendy Gobin
Maquetación del interior y cubierta: Antartik
Producción: Grégory Morin

Edición española

Para la presente edición:
© Grupo Anaya, S. A., 2024
Valentín Beato, 21. 28037 Madrid

Dirección del proyecto editorial: Emmanuel Christien
Edición: Carmina Pérez Canet
Asistente editorial: Sonia Fonseca Bautista
Producción: Juan Antonio Barras
Realización editorial: Servei Gràfic NJR, SLU

ISBN: 978-84-19804-36-5
Depósito legal: M-1483-2024
Impreso en China

PAPEL DE FIBRA
CERTIFICADA

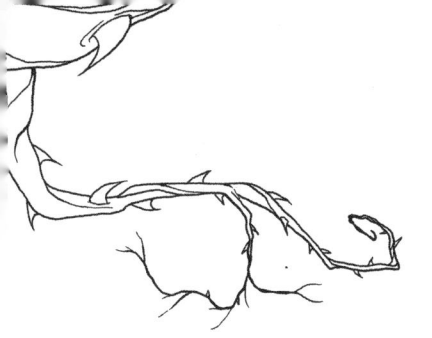
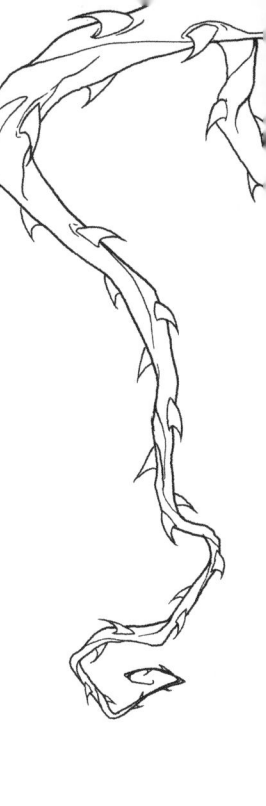

EL ARTE DE COLOREAR

Disney

UN GIRO INESPERADO

100 ILUSTRACIONES BASADAS EN LAS NOVELAS DE LA EXITOSA SAGA *UN GIRO INESPERADO*

Ilustraciones de Abigail Larson

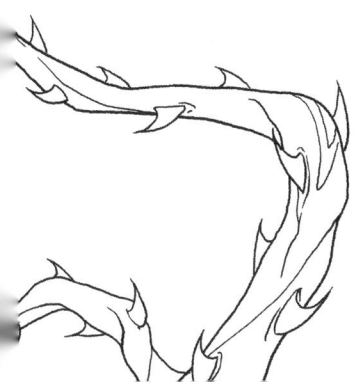

hachette
HEROES

¿Y si Aladdín nunca hubiera encontrado la lámpara?

Una vez en un sueño

¿Y si la madre de **Bella** hubiera hechizado a la Bestia?

Bella y Bestia son

¿Y si Mulán hubiera tenido que viajar al inframundo?

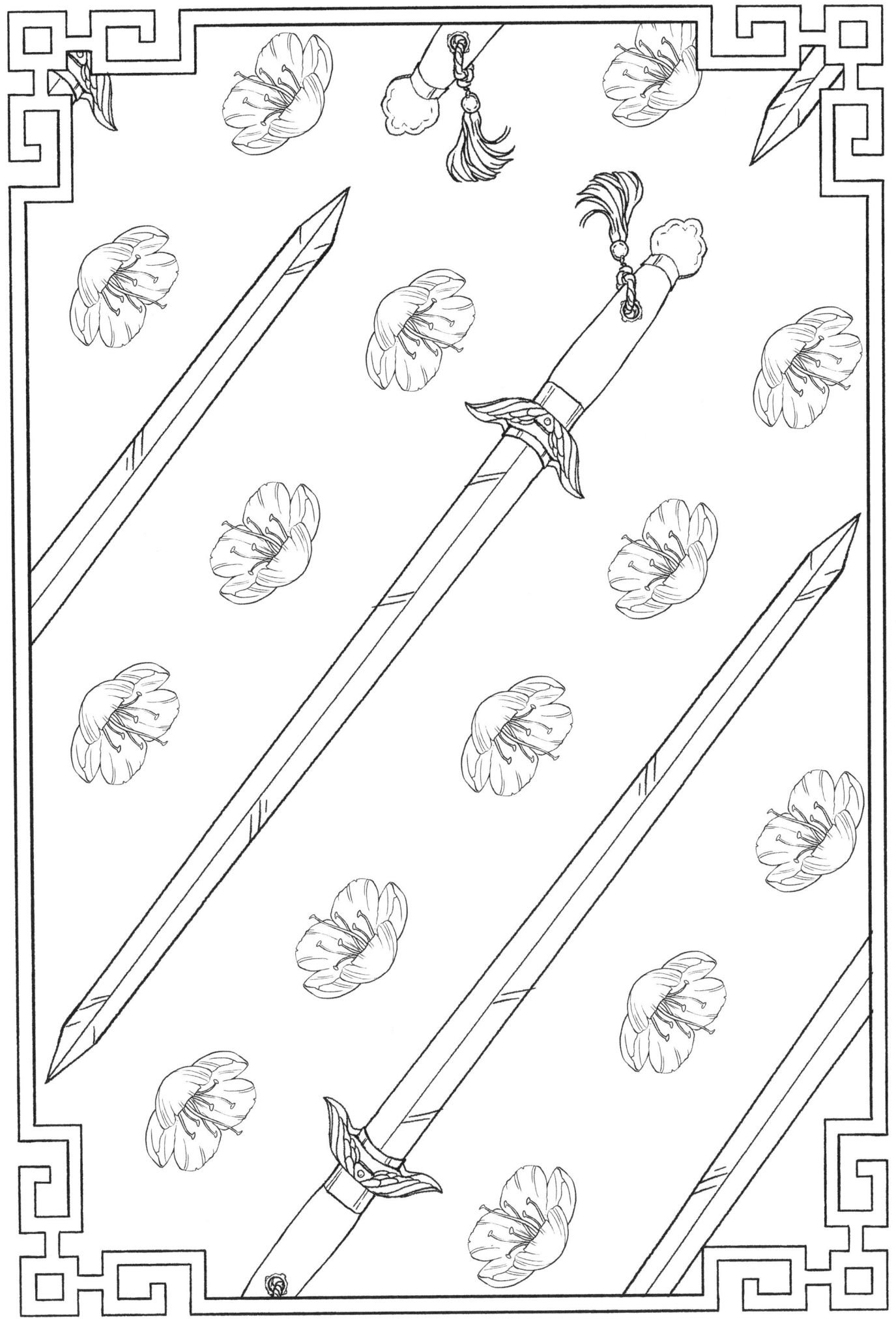

¿Y si Ariel no hubiera vencido a Úrsula?

¿Y si la Reina Malvada hubiera envenenado al príncipe?

ALGÚN DÍA
MI PRINCESA
LLEGARÁ

¿Y si Wendy hubiera viajado

a Nunca Jamás con el Capitán Garfio?

Todo recto

hasta

el amanecer

¿Y si la **Cenicienta** nunca se hubiera probado el zapato de cristal?

Soñar es desear

¿y si Alicia llegara muy muy tarde para salvar el País de las Maravillas?

¿No ves?,
ya son más
de las tres.
Me voy,
me voy,
me voy.

¿Y si Meg se hubiera convertido en una diosa griega?

Ese es mi destino

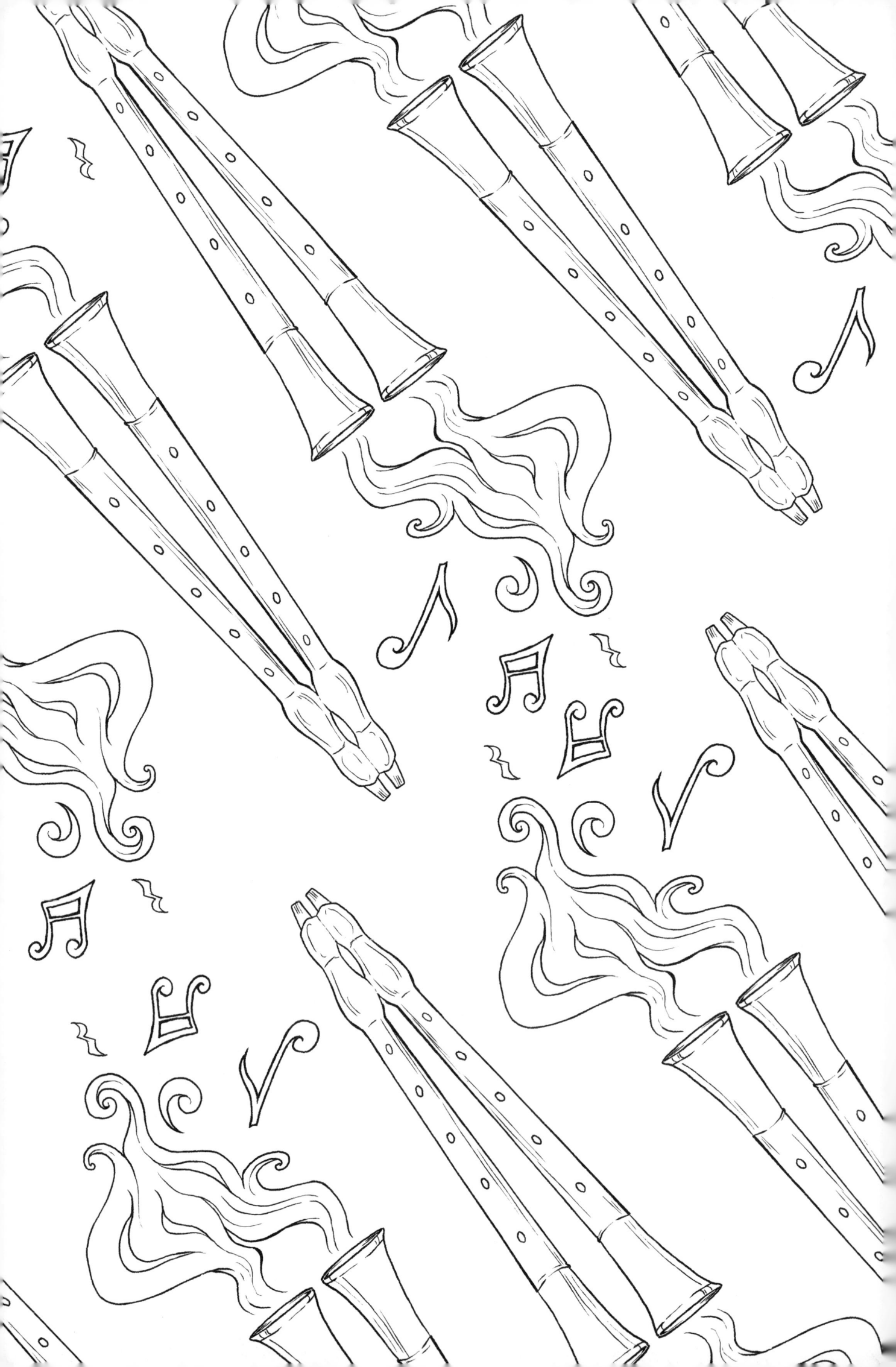

¿Y si la madre de **Rapunzel** hubiera bebido la poción de la flor equivocada?

¿Cuándo empezaré a vivir?

Madre

sabe más

¿Y si Tiana hubiera hecho un pacto con el Doctor Facilier?

Ya llegaré

La Estrella Azul

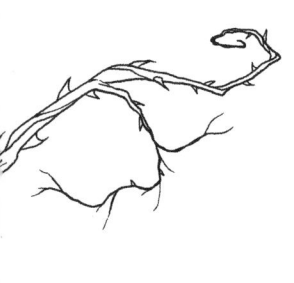

FIN
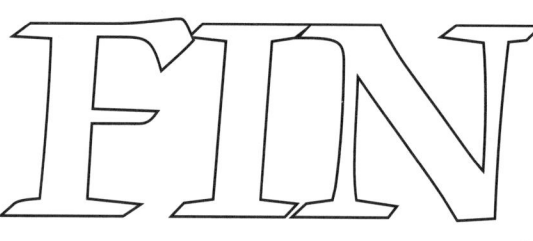